# 生猪屠宰管理条例

中国法制出版社

**生猪屠宰管理条例**

SHENGZHU TUZAI GUANLI TIAOLI

经销/新华书店

印刷/北京海纳百川印刷有限公司

开本/850 毫米×1168 毫米　32 开　　印张/0.75　字数/11 千

版次/2021 年 7 月第 1 版　　2021 年 7 月第 1 次印刷

---

中国法制出版社出版

书号 ISBN 978-7-5216-1911-9　　定价：4.00 元

北京西单横二条 2 号

邮政编码 100031　　传真：010-66031119

**网址：http://www.zgfzs.com**　　**编辑部电话：010-63141673**

**市场营销部电话：010-66033393**　　**邮购部电话：010-66033288**

# 目　　录

# 中华人民共和国国务院令

## 第742号

《生猪屠宰管理条例》已经2021年5月19日国务院第136次常务会议修订通过，现将修订后的《生猪屠宰管理条例》公布，自2021年8月1日起施行。

总理　李克强

2021年6月25日

# 生猪屠宰管理条例

（1997 年 12 月 19 日中华人民共和国国务院令第 238 号公布　2008 年 5 月 25 日中华人民共和国国务院令第 525 号第一次修订　根据 2011 年 1 月 8 日《国务院关于废止和修改部分行政法规的决定》第二次修订　根据 2016 年 2 月 6 日《国务院关于修改部分行政法规的决定》第三次修订　2021 年 6 月 25 日中华人民共和国国务院令第 742 号第四次修订）

## 第一章　总　　则

**第一条**　为了加强生猪屠宰管理，保证生猪产品质量安全，保障人民身体健康，制定本条例。

**第二条**　国家实行生猪定点屠宰、集中检疫制度。

除农村地区个人自宰自食的不实行定点屠宰外，任何单位和个人未经定点不得从事生猪屠宰活动。

在边远和交通不便的农村地区，可以设置仅限于向本地市场供应生猪产品的小型生猪屠宰场点，具体管理办法由省、自治区、直辖市制定。

**第三条**　国务院农业农村主管部门负责全国生猪屠宰的行业管理工作。县级以上地方人民政府农业农村主管部门负责本行政区域内生猪屠宰活动的监督管理。

县级以上人民政府有关部门在各自职责范围内负责生猪屠宰活动的相关管理工作。

**第四条**　县级以上地方人民政府应当加强对生猪屠宰监督管理工作的领导，及时协调、解决生猪屠宰监督管理工作中的重大问题。

乡镇人民政府、街道办事处应当加强生猪定点屠宰的宣传教育，协助做好生猪屠宰监督管理工作。

**第五条**　国家鼓励生猪养殖、屠宰、加工、配送、销售一体化发展，推行标准化屠宰，支持建设冷链流通和配送体系。

**第六条**　国家根据生猪定点屠宰厂（场）的规模、生产和技术条件以及质量安全管理状况，推行生猪定点屠宰厂（场）分级管理制度，鼓励、引导、扶持生猪定点屠宰厂（场）改善生产和技术条件，加强质量安全管理，提高生猪产品质量安全水平。生猪定点屠宰厂（场）分级管理的具体办法由国务院农业农村主管部门制定。

**第七条**　县级以上人民政府农业农村主管部门应当建立生猪定点屠宰厂（场）信用档案，记录日常监督检查结果、违法行为查处等情况，并依法向社会公示。

## 第二章　生猪定点屠宰

**第八条**　省、自治区、直辖市人民政府农业农村主管部门会同生态环境主管部门以及其他有关部门，按照科学布局、集中屠宰、有利流通、方便群众的原则，结合生猪养殖、动物疫病防控和生猪产品消费实际情况制订生猪屠宰行业发展规划，报本级人民政府批准后实施。

生猪屠宰行业发展规划应当包括发展目标、屠宰厂（场）设置、政策措施等内容。

**第九条**　生猪定点屠宰厂（场）由设区的市级人民政府根据生猪屠宰行业发展规划，组织农业农村、生态环境主管部门以及其他有关部门，依照本条例规定的条件进行审查，经征求省、自治区、直辖市人民政府农业农村主管部门的意见确定，并颁发生猪定点屠宰证书和生猪定点屠宰标志牌。

生猪定点屠宰证书应当载明屠宰厂（场）名称、生产地址和法定代表人（负责人）等事项。

生猪定点屠宰厂（场）变更生产地址的，应当依照本条例的规定，重新申请生猪定点屠宰证书；变更屠宰厂（场）名称、法定代表人（负责人）的，应当在市场监督管理部门办理变更登记手续后 15 个工作日内，向原发证机关办理变更生猪定点屠宰证书。

设区的市级人民政府应当将其确定的生猪定点屠宰厂（场）名单及时向社会公布，并报省、自治区、直辖市人民政府备案。

**第十条** 生猪定点屠宰厂（场）应当将生猪定点屠宰标志牌悬挂于厂（场）区的显著位置。

生猪定点屠宰证书和生猪定点屠宰标志牌不得出借、转让。任何单位和个人不得冒用或者使用伪造的生猪定点屠宰证书和生猪定点屠宰标志牌。

**第十一条** 生猪定点屠宰厂（场）应当具备下列条件：

（一）有与屠宰规模相适应、水质符合国家规定标准的水源条件；

（二）有符合国家规定要求的待宰间、屠宰间、急宰间、检验室以及生猪屠宰设备和运载工具；

（三）有依法取得健康证明的屠宰技术人员；

（四）有经考核合格的兽医卫生检验人员；

（五）有符合国家规定要求的检验设备、消毒设施以及符合环境保护要求的污染防治设施；

（六）有病害生猪及生猪产品无害化处理设施或者无害化处理委托协议；

（七）依法取得动物防疫条件合格证。

**第十二条** 生猪定点屠宰厂（场）屠宰的生猪，应当依法经动物卫生监督机构检疫合格，并附有检疫证明。

**第十三条** 生猪定点屠宰厂（场）应当建立生猪进厂

（场）查验登记制度。

生猪定点屠宰厂（场）应当依法查验检疫证明等文件，利用信息化手段核实相关信息，如实记录屠宰生猪的来源、数量、检疫证明号和供货者名称、地址、联系方式等内容，并保存相关凭证。发现伪造、变造检疫证明的，应当及时报告农业农村主管部门。发生动物疫情时，还应当查验、记录运输车辆基本情况。记录、凭证保存期限不得少于2年。

生猪定点屠宰厂（场）接受委托屠宰的，应当与委托人签订委托屠宰协议，明确生猪产品质量安全责任。委托屠宰协议自协议期满后保存期限不得少于2年。

**第十四条** 生猪定点屠宰厂（场）屠宰生猪，应当遵守国家规定的操作规程、技术要求和生猪屠宰质量管理规范，并严格执行消毒技术规范。发生动物疫情时，应当按照国务院农业农村主管部门的规定，开展动物疫病检测，做好动物疫情排查和报告。

**第十五条** 生猪定点屠宰厂（场）应当建立严格的肉品品质检验管理制度。肉品品质检验应当遵守生猪屠宰肉品品质检验规程，与生猪屠宰同步进行，并如实记录检验结果。检验结果记录保存期限不得少于2年。

经肉品品质检验合格的生猪产品，生猪定点屠宰厂（场）应当加盖肉品品质检验合格验讫印章，附具肉品品质检验合格证。未经肉品品质检验或者经肉品品质检验不合格的生猪产品，不得出厂（场）。经检验不合格的生猪产品，应当在兽医卫生检验人员的监督下，按照国家有关规定处理，并如实记录处理情况；处理情况记录保存期限不得少于2年。

生猪屠宰肉品品质检验规程由国务院农业农村主管部门制定。

**第十六条** 生猪屠宰的检疫及其监督，依照动物防疫法和国务院的有关规定执行。县级以上地方人民政府按照本级政府职责，将生猪、生猪产品的检疫和监督管理所需经费纳入本级预算。

县级以上地方人民政府农业农村主管部门应当按照规定足额配备农业农村主管部门任命的兽医，由其监督生猪定点屠宰厂（场）依法查验检疫证明等文件。

农业农村主管部门任命的兽医对屠宰的生猪实施检疫。检疫合格的，出具检疫证明、加施检疫标志，并在检疫证明、检疫标志上签字或者盖章，对检疫结论负责。未经检疫或者经检疫不合格的生猪产品，不得出厂（场）。经检疫不合格的生猪及生猪产品，应当在农业农村主管部门的监督下，按照国家有关规定处理。

**第十七条** 生猪定点屠宰厂（场）应当建立生猪产品出厂（场）记录制度，如实记录出厂（场）生猪产品的名称、规格、数量、检疫证明号、肉品品质检验合格证号、屠宰日期、出厂（场）日期以及购货者名称、地址、联系方式等内容，并保存相关凭证。记录、凭证保存期限不得少于2年。

**第十八条** 生猪定点屠宰厂（场）对其生产的生猪产品质量安全负责，发现其生产的生猪产品不符合食品安全标准、有证据证明可能危害人体健康、染疫或者疑似染疫的，应当立即停止屠宰，报告农业农村主管部门，通知销售者或者委托人，召回已经销售的生猪产品，并记录通知和召回情况。

生猪定点屠宰厂（场）应当对召回的生猪产品采取无害化处理等措施，防止其再次流入市场。

**第十九条** 生猪定点屠宰厂（场）对病害生猪及生猪产品进行无害化处理的费用和损失，由地方各级人民政府结合本地实际予以适当补贴。

**第二十条** 严禁生猪定点屠宰厂（场）以及其他任何单位和个人对生猪、生猪产品注水或者注入其他物质。

严禁生猪定点屠宰厂（场）屠宰注水或者注入其他物质的生猪。

**第二十一条** 生猪定点屠宰厂（场）对未能及时出厂（场）的生猪产品，应当采取冷冻或者冷藏等必要措施予以储存。

**第二十二条** 严禁任何单位和个人为未经定点违法从事生猪屠宰活动的单位和个人提供生猪屠宰场所或者生猪产品储存设施，严禁为对生猪、生猪产品注水或者注入其他物质的单位和个人提供场所。

**第二十三条** 从事生猪产品销售、肉食品生产加工的单位和个人以及餐饮服务经营者、集中用餐单位生产经营的生猪产品，必须是生猪定点屠宰厂（场）经检疫和肉品品质检验合格的生猪产品。

**第二十四条** 地方人民政府及其有关部门不得限制外地生猪定点屠宰厂（场）经检疫和肉品品质检验合格的生猪产品进入本地市场。

## 第三章 监督管理

**第二十五条** 国家实行生猪屠宰质量安全风险监测制度。国务院农业农村主管部门负责组织制定国家生猪屠宰质量安全风险监测计划，对生猪屠宰环节的风险因素进行监测。

省、自治区、直辖市人民政府农业农村主管部门根据国家生猪屠宰质量安全风险监测计划，结合本行政区域实际情况，制定本行政区域生猪屠宰质量安全风险监测方案并组织实施，同时报国务院农业农村主管部门备案。

**第二十六条** 县级以上地方人民政府农业农村主管部门应当根据生猪屠宰质量安全风险监测结果和国务院农业农村主管部门的规定，加强对生猪定点屠宰厂（场）质量安全管理状况的监督检查。

**第二十七条** 农业农村主管部门应当依照本条例的规定严格履行职责，加强对生猪屠宰活动的日常监督检查，建立健全随机抽查机制。

农业农村主管部门依法进行监督检查，可以采取下列措施：

（一）进入生猪屠宰等有关场所实施现场检查；

（二）向有关单位和个人了解情况；

（三）查阅、复制有关记录、票据以及其他资料；

（四）查封与违法生猪屠宰活动有关的场所、设施，扣押与违法生猪屠宰活动有关的生猪、生猪产品以及屠宰工具和设备。

农业农村主管部门进行监督检查时，监督检查人员不得少于2人，并应当出示执法证件。

对农业农村主管部门依法进行的监督检查，有关单位和个人应当予以配合，不得拒绝、阻挠。

**第二十八条** 农业农村主管部门应当建立举报制度，公布举报电话、信箱或者电子邮箱，受理对违反本条例规定行为的举报，并及时依法处理。

**第二十九条** 农业农村主管部门发现生猪屠宰涉嫌犯罪的，应当按照有关规定及时将案件移送同级公安机关。

公安机关在生猪屠宰相关犯罪案件侦查过程中认为没有犯罪事实或者犯罪事实显著轻微，不需要追究刑事责任的，应当及时将案件移送同级农业农村主管部门。公安机关在侦查过程中，需要农业农村主管部门给予检验、认定等协助的，农业农村主管部门应当给予协助。

## 第四章 法律责任

**第三十条** 农业农村主管部门在监督检查中发现生猪定点屠宰厂（场）不再具备本条例规定条件的，应当责令停业整顿，并限期整改；逾期仍达不到本条例规定条件的，由设区的市级人民政府吊销生猪定点屠宰证书，收回生猪定点屠宰标志牌。

**第三十一条** 违反本条例规定，未经定点从事生猪屠宰活动的，由农业农村主管部门责令关闭，没收生猪、生猪产品、屠宰工具和设备以及违法所得；货值金额不足 1 万元的，并处 5 万元以上 10 万元以下的罚款；货值金额 1 万元以上的，并处货值金额 10 倍以上 20 倍以下的罚款。

冒用或者使用伪造的生猪定点屠宰证书或者生猪定点屠宰标志牌的，依照前款的规定处罚。

生猪定点屠宰厂（场）出借、转让生猪定点屠宰证书或者生猪定点屠宰标志牌的，由设区的市级人民政府吊销生猪定点屠宰证书，收回生猪定点屠宰标志牌；有违法所得的，由农业农村主管部门没收违法所得，并处 5 万元以上 10 万元以下的罚款。

**第三十二条** 违反本条例规定，生猪定点屠宰厂（场）有下列情形之一的，由农业农村主管部门责令改正，给予警告；拒不改正的，责令停业整顿，处 5000 元以上 5 万元以下的罚款，对其直接负责的主管人员和其他直接责任人员处 2 万元以上 5 万元以下的罚款；情节严重的，由设区的市级人民政府吊销生猪定点屠宰证书，收回生猪定点屠宰标志牌：

（一）未按照规定建立并遵守生猪进厂（场）查验登记制度、生猪产品出厂（场）记录制度的；

（二）未按照规定签订、保存委托屠宰协议的；

（三）屠宰生猪不遵守国家规定的操作规程、技术要求和生猪屠宰质量管理规范以及消毒技术规范的；

（四）未按照规定建立并遵守肉品品质检验制度的；

（五）对经肉品品质检验不合格的生猪产品未按照国家有关规定处理并如实记录处理情况的。

发生动物疫情时，生猪定点屠宰厂（场）未按照规定开展动物疫病检测的，由农业农村主管部门责令停业整顿，并处 5000 元以上 5 万元以下的罚款，对其直接负责的主管人员和其他直接责任人员处 2 万元以上 5 万元以下的罚款；情节严重的，由设区的市级人民政府吊销生猪定点屠宰证书，收回生猪定点屠宰标志牌。

**第三十三条** 违反本条例规定，生猪定点屠宰厂（场）出厂（场）未经肉品品质检验或者经肉品品质检验不合格的生猪产品的，由农业农村主管部门责令停业整顿，没收生猪产品和违法所得；货值金额不足 1 万元的，并处 10 万元以上 15 万元以下的罚款；货值金额 1 万元以上的，并处货值金额 15 倍以上 30 倍以下的罚款；对其直接负责的主管人员和其他直接责任人员处5万元以上10万元以下的罚款；情节严重的，由设区的市级人民政府吊销生猪定点屠宰证书，收回生猪定点屠宰标志牌，并可以由公安机关依照《中华人民共和国食品安全法》的规定，对其直接负责的主管人员和其他直接责任人员处5日以上15日以下拘留。

**第三十四条** 生猪定点屠宰厂（场）依照本条例规定应当召回生猪产品而不召回的，由农业农村主管部门责令召回，停止屠宰；拒不召回或者拒不停止屠宰的，责令停业整顿，没收生猪产品和违法所得；货值金额不足1万元的，并处5万元以上10万元以下的罚款；货值金额1万元以上的，并处货值金额10倍以上20倍以下的罚款；对其直接负责的主管人员和其他直接责任人员处5万元以上10万元以下的罚款；情节严重的，由设区的市级人民政府吊销生猪定点屠宰证书，收回生猪定点屠宰标志牌。

委托人拒不执行召回规定的，依照前款规定处罚。

**第三十五条** 违反本条例规定，生猪定点屠宰厂（场）、其他单位和个人对生猪、生猪产品注水或者注入其他物质的，由农业农村主管部门没收注水或者注入其他物质的生猪、生猪产品、注水工具和设备以及违法所得；货值金额不足1万元的，并处5万元以上10万元以下的罚款；货值金额1万元以上的，并处货值金额10倍以上20倍以下的罚款；对生猪定点屠宰厂（场）或者其他单位的直接负责的主管人员和其他直接责任人员处5万元以上10万元以下的罚款。注入其他物质的，还可以由公安机关依照《中华人民共和国食品安全法》的规定，对其直接负责的主管人员和其他直接责任人员处5日以上15日以下拘留。

生猪定点屠宰厂（场）对生猪、生猪产品注水或者注入其他物质的，除依照前款规定处罚外，还应当由农业农村主管部门责令停业整顿；情节严重的，由设区的市级人民政府吊销生猪定点屠宰证书，收回生猪定点屠宰标志牌。

**第三十六条** 违反本条例规定，生猪定点屠宰厂（场）屠宰注水或者注入其他物质的生猪的，由农业农村主管部门责令停业整顿，没收注水或者注入其他物质的生猪、生猪产品和违法所得；货值金额不足1万元的，并处5万元以上10万元以下的罚款；货值金额1万元以上的，并处货值金额10倍以上20倍以下的罚款；对其直接负责的主管人员和其他直接责任人员处5万元以上10万元以下的罚款；情节严重的，由设区的市级人民政府吊销生猪定点屠宰证书，收回生猪定点屠宰标志牌。

**第三十七条** 违反本条例规定，为未经定点违法从事生猪屠宰活动的单位和个人提供生猪屠宰场所或者生猪产品储存设施，或者为对生猪、生猪产品注水或者注入其他物质的单位和个人提供场所的，由农业农村主管部门责令改正，没收违法所得，并处5万元以上10万以下的罚款。

**第三十八条** 违反本条例规定，生猪定点屠宰厂（场）被吊销生猪定点屠宰证书的，其法定代表人（负责人）、直接负责的主管人员和其他直接责任人员自处罚决定作出之日起5年内不得申请生猪定点屠宰证书或者从事生猪屠宰管理活动；因食品安全犯罪被判处有期徒刑以上刑罚的，终身不得从事生猪屠宰管理活动。

**第三十九条** 农业农村主管部门和其他有关部门的工作人员在生猪屠宰监督管理工作中滥用职权、玩忽职守、徇私舞弊，尚不构成犯罪的，依法给予处分。

**第四十条** 本条例规定的货值金额按照同类检疫合格及肉品品质检验合格的生猪、生猪产品的市场价格计算。

**第四十一条** 违反本条例规定，构成犯罪的，依法追究刑事责任。

## 第五章 附 则

**第四十二条** 省、自治区、直辖市人民政府确定实行定点屠宰的其他动物的屠宰管理办法，由省、自治区、直辖市根据本地区的实际情况，参照本条例制定。

**第四十三条** 本条例所称生猪产品，是指生猪屠宰后未经加工的胴体、肉、脂、脏器、血液、骨、头、蹄、皮。

**第四十四条** 生猪定点屠宰证书、生猪定点屠宰标志牌以及肉品品质检验合格验讫印章和肉品品质检验合格证的式样，由国务院农业农村主管部门统一规定。

**第四十五条** 本条例自2021年8月1日起施行。

# 司法部　农业农村部负责人就《生猪屠宰管理条例》修订答记者问

2021 年 6 月 25 日，国务院总理李克强签署第 742 号国务院令，公布修订后的《生猪屠宰管理条例》（以下简称《条例》），自 2021 年 8 月 1 日起施行。日前，司法部、农业农村部负责人就《条例》修订的有关问题回答了记者提问。

**问：请简要介绍一下《条例》修订出台的背景。**

**答：**党中央、国务院高度重视生猪及其产品质量安全问题。加强生猪屠宰管理，是保证生猪产品质量安全，让人民群众吃上“放心肉”，保障人民群众身体健康的关键所在。现行生猪屠宰管理条例自 2008 年 8 月 1 日修订实施以来，我国生猪屠宰管理工作不断加强，在有效解决私屠滥宰问题、保障生猪产品质量安全和公共卫生安全等方面发挥了重要作用。随着经济社会的发展，现行条例的一些规定已不适应实践需要：一是生猪屠宰环节全过程管理制度不完善，生猪屠宰质量安全责任难以落实到位；二是生猪屠宰环节疫病防控制度不健全，难以适应当前动物疫病防控特别是非洲猪瘟防控工作面临的新形势新要求；三是法律责任设置偏轻、主管部门执法手段不足，对生猪屠宰违法违规行为打击力度不够。针对上述突出问题，有必要对现行条例予以修改完善。

**问：猪肉在我国人民群众饮食结构中居于重要地位，其质量安全一直是社会关心的热点问题。对加强生猪屠宰环节的质量安全监督管理，《条例》修订有哪些有针对性的措施？**

**答：**把好生猪屠宰的质量安全关，是提高生猪产品质量安全水平、保障人民群众“舌尖上的安全”的关键一环。《条例》此次修订，在总结实践经验的基础上，切实贯彻落实习近平总书记关于“最严格的监管”的要求，明确规定生猪屠宰厂（场）对其生产的生猪产品质量安全负责，突出全过程管理要求，进一步完善生猪屠宰环节各项管理制度。一是为了确保生猪来源可追溯，严防未经检疫等问题生猪进入屠宰厂（场），要求生猪屠宰厂（场）建立生猪进厂（场）查验、记录制度，依法查验生猪检疫证明等信息，如实记录生猪的来源、数量、供货者名称、联系方式等内容。二是健全屠宰全过程质量管理，要求生猪屠宰厂（场）严格遵守国家规定的操作规程、生猪屠宰质量管理规范和肉品品质检验规程，肉品品质检验应当与生猪屠宰同步进行，并如实记录检验结果。三是完善生猪产品出厂（场）记录制度，要求生猪屠宰厂（场）如实记录出厂（场）生猪产品的名称、规格、检疫证明号、肉品品质检验合格证号、购货者名称和联系方式等内容。四是建立问题生猪产品报告、召回制度，对发现生产的生猪产品存在不符合食品安全标准、有证据证明可能危害人体健康、染疫或者疑似染疫等质量安全问题的，要求生猪屠宰厂（场）及时履行报告、召回等义务，并对召回的生猪产品采取无害化处理等措施，防止其再次流入市场。此外，建立生猪屠宰质量安全风险监测制度，由农业农村主管部门组织对生猪屠宰环节的风险因素进行监测，根据风险监测结果有针对性地加强监督检查。

**问：2018 年起发生的非洲猪瘟疫情，对我国生猪产业造成了较大影响，《条例》修订对加强动物疫病防控有哪些考虑？**

**答：**加强屠宰环节的动物疫病防控，对防止和减少动物疫情蔓延具有重要作用。对此，《条例》在认真总结前一阶段我国非洲猪瘟防控工作经验的基础上，进一步明确、强化主体责任，建立健全相关疫病防控措施。一是落实建立完善屠宰检疫检测制度的要求，明确规定在发生动物疫情时，生猪屠宰厂（场）应当按照国务院农业农村主管部门的规定开展动物疫病检测，做好动物疫情排查和报告。同时为有效防范非洲猪瘟等动物疫情经调运扩散蔓延，规定在发生动物疫情时，要对运输车辆的基本情况进行查验、记录。二是保障生猪屠宰检疫和监督管理所需经费，规定县级以上地方人民政府按照本级政府职责，将生猪、生猪产品的检疫和监督管理所需经费纳入本级预算。同时，规定县级以上地方人民政府农业农村主管部门应当足额配备农业农村主管部门任命的兽医。生猪屠宰厂（场）的生猪产品应当经检疫合格后方可出厂（场），经检疫不合格的，应当按照国家有关规定处理。三是为解决生猪产销区分离、长途调运引发非洲猪瘟等疫病传播，规定国家鼓励生猪养殖、屠宰、加工、配送、销售一体化发展，推行标准化屠宰，支持建设冷链流通和配送体系。同时规定在制订生猪屠宰行业发展规划时，要按照科学布局、集中屠宰、有利流通、方便群众的原则，充分考虑生猪养殖、动物疫病防控和生猪产品消费的实际情况。

**问：为确保《条例》各项制度措施落实到位，此次修订在管理方式上有哪些创新举措？**

**答：**为促进《条例》各项制度措施正确贯彻落实，提升法律实施效果，《条例》修订从生猪屠宰行业特点出发，借鉴好的经验和做法，在管理方式上进行了创新。如，建立生猪屠宰行政执法与刑事司法的衔接制度，完善农业农村主管部门、公安机关的协同配合机制，规定农业农村主管部门发现生猪屠宰涉嫌犯罪的，应当按照有关规定及时将案件移送同级公安机关，公安机关在侦查过程中，需要农业农村主管部门给予检验、认定等协助的，农业农村主管部门应当给予协助。再如，建立生猪屠宰行业信用记录制度和黑名单制度，规定农业农村主管部门建立生猪定点屠宰厂（场）信用档案，记录日常监督检查结果、违法行为查处等情况，并依法向社会公示。规定生猪屠宰厂（场）被吊销生猪定点屠宰证书的，其法定代表人（负责人）、直接负责的主管人员和其他直接责任人员自处罚决定作出之日起5年内不得申请生猪定点屠宰证书或者从事生猪屠宰管理活动；因食品安全犯罪被判处有期徒刑以上刑罚的，终身不得从事生猪屠宰管理活动。

**问：为严厉打击生猪屠宰违法行为，《条例》修订主要作了哪些规定？**

**答：**《条例》修订严格贯彻落实习近平总书记要求的“最严厉的处罚、最严肃的问责”，进一步明确有关主体的法律责任，提高生猪屠宰违法成本。对未经定点从事生猪屠宰活动、出厂（场）肉品品质检验不合格生猪产品、拒不履行问题生猪产品报告召回义务、对生猪和生猪产品注水或者注入其他物质等违法行为，规定了责令停业整顿、没收违法所得、罚款直至吊销定点许可证等行政处罚，罚款金额最高可达货值金额30倍。对情节严重的违法行为，由公安机关依法对有关人员予以拘留。构成犯罪的，依法追究刑事责任。